Inhaltsverzeichnis

Vorbemerkungen	2
Anmerkungen	4
Werkstattplan	10
Auftragskarten	11
Arbeitsblätter	25
Lösungen	59

Vorbemerkungen

Die Kinder kennen den Bär als Teddybär in vielen verschiedenen Ausführungen. Oft weisen die äußeren Merkmale der Teddybären schon Parallelen zu lebenden Bären auf (z. B. Kopfform, Verhältnis der Körperproportionen usw.). Außerdem kennen die Kinder Bären aus Kinderbüchern und Zeichentrickfilmen. Die verschiedenen Bärenarten, ihre Lebensweise und Eigenarten sind den Kindern aber zumeist noch unbekannt, da die Bären zu den Raubtieren gehören und somit nicht als lebende Tiere unmittelbar erfahrbar sind. Die Kinder sehen sie nur im Zoo. Die Bären üben aber dennoch auf die Kinder eine starke Faszination aus: Es gibt viele Geschichten, Fabeln und Märchen, in denen Bären eine Rolle spielen. Bilder und Fotos von echten Bären lassen vielfach den fälschlichen Eindruck von zu groß geratenen Stoffbären aufkommen, da die Bären tollpatschig und rundlich wirken. Die „Bären-Werkstatt" soll den Kindern die Vielfalt der Bären und ihr Leben nahebringen. Die Kinder sollen erfahren, dass es verschiedene Bärenarten gibt und dass jede Art spezifische Merkmale hat. Außerdem sollen sie angeregt werden, über das Verhalten der Menschen im Umgang mit der Natur nachzudenken. Auch der Schutz der teilweise vom Aussterben bedrohten Bärenarten wird thematisiert.

Die Werkstatt ist für Kinder im dritten und vierten Schuljahr geeignet. Sie bietet den Kindern ein vielfältiges Arrangement von Lernsituationen und Lernmaterialien für Einzel-, Partner- und Gruppenarbeit. Die Kinder können die Lernangebote in der Regel zum Selbststudium nutzen. Sie werden zu Initiative und aktiver Selbstständigkeit aufgefordert. Viele Materialien enthalten die Möglichkeit zur Selbstkontrolle. Damit wird die Eigenverantwortung der Kinder gefördert. Die Lernangebote sind fächerübergreifend, d. h. die Kinder können sich dem Thema von vielen Seiten nähern. Da nicht alle Kinder das gleiche Vorwissen über die verschiedenen Bären haben, ist es hilfreich, wenn man ihnen Sachbücher oder Karteikarten mit Informationen zum Thema anbietet. Viele Büchereien bieten für Schulen den Service an, Bücherkisten zu einem Thema zusammenzustellen und diese für eine geringe Gebühr der Schule z. B. einen Monat zur Verfügung zu stellen. Auch das Internet lässt sich zur Recherche einsetzen: Unter der Internetadresse www.wwf.de findet man viele Informationen und Hinweise zu den verschiedenen Bärenarten, ihre Lebensweise, ihre Verbreitung und über Maßnahmen zum Schutz der Bären. Weitere Informationen findet man auch bei Suchmaschinen unter dem Eintrag Lexikon / Nachschlagewerke (z. B. bei www.yahoo.de, www.infoseek.de und vielen anderen).

Einige Zoos verleihen auch für ein bis zwei Wochen Büschel von Tierhaaren oder Tierfelle von gestorbenen Tieren. Diese Felle lassen sich gut als Anschauungsmaterial einsetzen.

Vorbemerkungen

In der „Bären-Werkstatt" erfahren die Kinder vieles über die verschiedenen Bärenarten, ihre Eigenheiten und Merkmale, ihre Lebensräume und ihre Bedrohung durch den Menschen. Bei diesem Thema bietet es sich zudem an, mit den Kindern einen Zoo als außerschulischen Lernort zu besuchen. Der Zoobesuch könnte zu Beginn der Werkstattarbeit das Grundwissen der Kinder erweitern. Mit einer „Bärenrallye" könnten die Kinder schon zu ausgewählten Fragestellungen Antworten suchen: z. B. Wie sieht der Bär aus? Beschreibe seinen Kopf / Tatzen / Körper. Was frisst er? Wie sieht sein Gehege aus? Was braucht der Bär, um sich wohl zu fühlen?... Der Zoobesuch kann aber auch im Anschluss an die Werkstattarbeit das zuvor erworbene Wissen vertiefen.
Fernsehfilme (Schulfernsehen, Natursendungen) können auch im Unterricht eingesetzt werden, um Beobachtungen vom Verhalten und Leben der Bären in natürlichen Lebensräumen zu vermitteln.
Vielleicht werden die Kinder auch angeregt zu erforschen, wie viele Bären es bei uns in Europa noch in natürlichen Lebensräumen gibt.
Aus solchen Fragen kann sich ein Projekt entwickeln, bei dem Nachforschungen und Ergebnisse der Kinder dokumentiert und den Eltern, anderen Lehrern und Schülern auf einem Ausstellungstag präsentiert werden können.

Je nach Vorgabe arbeiten die Kinder in der „Werkstatt" in Einzel-, Partner- oder Gruppenarbeit. Sie können sich die Arbeitspartner selbst aussuchen.
Für jedes Lernangebot gibt es einen „Helfer" bzw. einen „Chef". Die Kinder, die dieses „Amt" übernommen haben, sind Ansprechpartner bei Verständnisschwierigkeiten oder Fragen.
Ob die „Helfer" oder „Chefs" auch die Arbeitsergebnisse der anderen Kinder kontrollieren sollen, hängt von den Vereinbarungen und den festgelegten Regeln ab. Damit die „Helfer" bzw. die „Chefs" aber nicht zu sehr bei ihrem eigenen Arbeiten gestört werden, empfiehlt es sich, andere Kontrollmöglichkeiten zu schaffen (z. B. durch Lösungsblätter). Die Lehrerin bzw. der Lehrer übernimmt die Rolle des Beraters.

Ich wünsche Ihnen viel Spaß und Erfolg bei der Durchführung der Werkstatt!
Alice Undorf

Anmerkungen

Lernangebot 1: Wo leben Bären?
Bei diesem Lernangebot sollen die Kinder verschiedene Bärenarten ihren Lebensräumen auf der Erde zuordnen.
Damit möglichst alle Kinder die Bären den Kontinenten bzw. den Regionen richtig zuordnen können, sollten die Kinder einen Globus oder eine Weltkarte zur Verfügung haben.
Die Vorlage mit den Informationen wird entweder in eine Schutzhülle gesteckt oder laminiert.

Lernangebot 2: Über die Bären
Die Kinder sollen den Text genau lesen und danach die fehlenden Wörter einsetzen. Damit möglichst alle Kinder den Lückentext ausfüllen können, sind die fehlenden Wörter unten auf dem Arbeitsblatt notiert.

Lernangebot 3: Versteckte Bären
Mit dieser Übung soll die Konzentration der Kinder gefördert werden. Zur Hilfestellung und Selbstkontrolle sind die gesuchten Bären unten auf dem Blatt vorgegeben. So können alle Kinder die gesuchten Bären finden.

Lernangebot 4: Wie groß werden Bären?
Bei diesem Lernangebot sollen die Kinder sich mit dem Aussehen und der Größe verschiedener Bärenarten beschäftigen: Sie sollen Bildern den Namen und die Größe der Bärenart zuordnen.
Im Anschluss daran werden die Kinder angeregt, ihre eigene Größe mit der Größe der Bären zu vergleichen. Da die meisten Kinder mit den Größenbezeichnungen wenig anfangen können, werden die Kinder aufgefordert, ihre eigene Größe auf einem Stück Tapete (ca. 3 m lang) einzuzeichnen. Danach sollen sie mit Hilfe eines Zollstockes die Größe der Bären einzeichnen. Dies hilft den Kindern, sich unter den Größenangaben konkret etwas vorzustellen.

Lernangebot 5: Die Höhlenbären
Die Kinder informieren sich über die Höhlenbären, die vor ca. 30.000 Jahren lebten. Die Kinder müssen dazu den Text genau lesen. Anschließend liest ein Kind die Aussagen auf der dazugehörigen Karte. Wenn die Aussage richtig ist, heftet es eine grüne Wäscheklammer an den Satz. Ist die Aussage falsch, nimmt es eine rote Wäscheklammer. Der Partner des Kindes vergleicht auf seiner Kontrollseite, ob das Kind die Wäscheklammern richtig an die Aussagen geheftet hat. Damit dies leichter und schneller geht, ist es sinnvoll, die Aussagen auf der Kontrollseite grün bzw. rot zu umranden.
Die Kopiervorlage mit dem Text wird entweder in eine Schutzhülle gesteckt oder laminiert. Die Kopiervorlage mit den Aussagen benötigt man zweimal. Entweder klebt man sie auf die Vorder- und Rückseite einer festen Pappe oder man laminiert sie.
Man benötigt mindestens 5 grüne und 3 rote Wäscheklammern. (Lieber einige mehr, damit die Kinder nicht genau wissen, wie viele Sätze richtig sind.)

BVK LW 23 · Alice Undorf: Lernwerkstatt „Die Bären"

Anmerkungen

Lernangebot 6: Domino: Bärenarten
Mit Hilfe dieses Dominos erfahren die Kinder einiges über die typischen äußerlichen Merkmale verschiedener Bärenarten.
Die Vorlagen werden kopiert. Danach werden sie auf feste Pappe geklebt und mit Klebefolie überzogen oder einfach lamiert.

Lernangebot 7: Kartenspiel: Bären
Bei diesem Lernangebot erweitern die Kinder auf spielerische Art und Weise ihr Wissen über verschiedene Bärenarten, ihre Größe, besondere äußerliche Merkmale und ihre Nahrung.
Die Vorlagen werden kopiert. Danach werden sie entweder auf (nicht zu dicke) Pappe aufgeklebt und mit Klebefolie überzogen oder einfach laminiert.

Lernangebot 8: Der Braunbär
Bei diesem Lernangebot sollen sich die Kinder zunächst über die Braunbären mit Hilfe von Sachbüchern informieren. Auch das Internet kann als Informationsquelle genutzt werden (z. B. www.wwf.de).
Anschließend sollen die Kinder die Aussagen auf dem Blatt lesen und entscheiden, welche der aufgeführten Aussagen richtig sind.

Lernangebot 9: Braunbären und Winterschlaf
Die Kinder informieren sich über den Winterschlaf. Anschließend werden sie dazu angeleitet, mehr über die Braunbären und über Winterschläfer und Bären, die keinen Winterschlaf halten, herauszufinden.
Da die Kinder nicht alle über das gleiche Vorwissen verfügen, sollte man ihnen Sachbücher zur Verfügung stellen. Außerdem ist es hilfreich, wenn die Kinder das Angebot „Wo leben Bären?" schon bearbeitet haben.

Lernangebot 10: Vom Fischfang
Die Kinder informieren sich über die Grizzlybären und über ihre Art, Fische zu fangen. Sie müssen dazu den Text genau lesen. Anschließend liest ein Kind die Aussagen auf der dazugehörigen Karte. Wenn die Aussage richtig ist, heftet es eine grüne Wäscheklammer an den Satz. Ist die Aussage falsch, nimmt es eine rote Wäscheklammer. Der Partner des Kindes vergleicht auf seiner Kontrollseite, ob das Kind die Wäscheklammern richtig andie Aussagen geheftet hat. Damit dies leichter und schneller geht, ist es sinnvoll, die Aussagen auf der Kontrollseite grün bzw. rot zu umranden.

Die Kopiervorlage mit dem Text wird entweder in eine Schutzhülle gesteckt oder laminiert. Die Kopiervorlage mit den Aussagen benötigt man zweimal. Entweder klebt man sie auf die Vorder- und Rückseite einer festen Pappe oder man laminiert sie.
Man benötigt mindestens 5 grüne und 4 rote Wäscheklammern. (Lieber einige mehr, damit die Kinder nicht genau wissen, wie viele Sätze richtig sind.)

Anmerkungen

Lernangebot 11: Ein Steckbrief
Die Kinder sollen aus einem Text Informationen zum Kragenbär entnehmen und diese in Form eines Steckbriefes notieren.
Die Informationskarte wird kopiert und in eine Schutzhülle gesteckt oder laminiert. Die Vorlage „Steckbrief" wird in ausreichender Zahl kopiert.
Um den Kindern die Arbeit zu erleichtern, kann man ihnen wasserlösliche Folienstifte geben, mit denen sie die wichtigen Stellen im Text unterstreichen können. (Die Farbe lässt sich mühelos mit einem feuchten Lappen wieder abwischen.)
Als weitere Anregung kann man den Kindern auch Sachbücher zur Verfügung stellen, in denen sie ausführliche Informationen zum Kragenbär finden können.
Vielleicht werden die Kinder auch angeregt, zu anderen Bärenarten solche Steckbriefe zu verfassen. Auch dann finden die Kinder Informationen in Sachbüchern oder auch im Internet, z. B. unter www.wwf.de.

Lernangebot 12: Welcher Bär bin ich?
Bei diesem Lernangebot sollen die Kinder herausfinden, welche Bärenart hier beschrieben wird. Da die Kinder nicht alle über das gleiche Vorwissen verfügen, ist es hilfreich, wenn sie die Möglichkeit haben in Sachbüchern nachzuschlagen.

Lernangebot 13: Ein Eisbärenbaby erzählt
Die Kinder erfahren vieles über das Heranwachsen eines Eisbärenbabys. Danach sollen sie die Erzählung des Eisbärenbabys in der Ich-Form aufschreiben.

Lernangebot 14: Ein Gehege für die Eisbären
Bei diesem Lernangebot sollen die Kinder über eine möglichst artgerechte Zoohaltung der Eisbären nachdenken. Im Anschluss daran sollen sie versuchen, ihr Wissen in die Tat umzusetzen: Sie sollen ein Gehege für die Eisbären bauen.
Dazu benötigen sie: flache Kartons, Styropor, Silberfolie oder blaues Papier (als Wasser). Styropor kann man entweder in Baumärkten als dünne Platten kaufen oder man fragt in Hifi- / TV- / Porzellan-Geschäften (es wird dort als Verpackungsmaterial verwendet) nach Styroporresten. Man sollte den Kindern auch andere Dinge, wie z. B. Holzreste, Äste, Kork, Plastik usw. zur Auswahl geben. Denn die Kinder sollen ja herausfinden, mit welchen Dingen man ein Gehege am besten darstellen und bauen kann.
Für dieses Lernangebot ist es auch hilfreich, wenn die Kinder sich in Sachbüchern und im Internet (über das Arbeitsblatt hinaus) über den Lebensraum der Eisbären informieren können.

Anmerkungen

Lernangebot 15: Bären-Puzzle
Die Kinder sollen verschiedene Fragen zu den Bären richtig beantworten. Sie suchen die Karte mit dem Buchstaben der richtigen Antwort und legen sie verdeckt (mit dem Bildausschnitt nach oben) auf die Frage. Wenn die Kinder alle Fragen richtig gelöst haben, entsteht ein Bild.
Die Vorlagen werden zunächst kopiert. Die Abbildung der Buchstaben wird auf die Abbildung des Bildes geklebt. Es empfiehlt sich, das Bild anschließend zu laminieren oder mit Folie zu überziehen, damit das Material haltbarer ist.
Das Blatt, auf dem die Fragen und Antworten sind, sollte ebenfalls laminiert oder mit Folie überzogen werden. Man kann es aber auch in den Deckel einer DIN A4 großen Schachtel kleben. Dies hat den Vorteil, dass die Bildstücke nicht herunterfallen können.

Lernangebot 16: Die Sprache der Bären
Bei diesem Lernangebot setzen sich die Kinder mit der „Sprache" und dem Verhalten der Bären auseinander.

Lernangebot 17: Vom Fressen
Die Kinder erfahren etwas über die große Nahrungsmenge, die ein Bär fressen kann. Sie sollen Sachaufgaben zum Thema lösen.
Viele Kinder können nur wenig mit den bloßen Gewichtsmengen anfangen, da ihnen der Vergleich fehlt. Deshalb ist es hilfreich, wenn sie ihr eigenes Gewicht auf einer Waage ablesen können.

Lernangebot 18: Auf der Wanderschaft
Die Kinder beschäftigen sich mit der Thematik, dass viele Bären sich auf der Suche nach Nahrung auf Wanderschaft begeben. Sie sollen Mathematikaufgaben zu dieser Thematik lösen.

Lernangebot 19: Bären-Rennen
Bei diesem Lernangebot erfahren die Kinder einiges über die Fortbewegung und Schnelligkeit der Bären. Die Kinder sollen Sachaufgaben zu diesem Thema lösen.

Lernangebot 20: Der Mensch und die Bären
Die Kinder sollen erfahren, dass viele Menschen sich eine falsche Vorstellung von den Bären machen.
Man kann dieses Angebot auch erweitern, indem man den Kindern Filmausschnitte über Bären zeigt und diese gemeinsam bespricht oder indem man ihnen Bücher (z. B. Tiergeschichten, Märchen, Fabeln, Abenteuergeschichten usw.) gibt, in denen Bären verniedlicht oder als grausame Bestie dargestellt werden.

Anmerkungen

Lernangebot 21: Die Bären brauchen Hilfe!
Bei diesem Lernangebot sollen die Kinder erfahren, dass viele Bärenarten durch den verantwortungslosen Umgang des Menschen mit der Natur vom Aussterben bedroht sind. Die Kinder werden dazu angeregt, sich mit dieser Thematik zu beschäftigen. Informationen finden sie in Sachbüchern oder im Internet (z. B. unter www.wwf.de). Anschließend sollen die Kinder ihr erworbenes Wissen in einer „Rede" festhalten.
Um den Echtheitscharakter einer Rede zu betonen, können die Reden auch im Klassenverband tatsächlich gehalten werden. Zum Beispiel lässt sich aus einem großen Verpackungskarton ein „Fernsehgerät" basteln, das den Kindern als Kulisse für ihre „Fernseh"-Rede dient.

Lernangebot 22: Die „Forscher"-Seite
Bei diesem Lernangebot sollen die Kinder Antworten auf einige Fragen finden. Sie können die Fragen entweder ohne weitere Hilfsmittel lösen, sie können aber auch Sachbücher, eine Weltkarte oder einen Globus zu Rate ziehen.

Lernangebot 23: Von Kleinbären und „falschen" Bären
Mit Hilfe eines Kreuzworträtsels sollen die Kinder einiges über Kleinbären und „falsche" Bären erfahren.

Lernangebot 24: Ein Teddybär aus Filz
Die Kinder sollen aus Filz ein Stofftier nähen.
Die Vorlage wird auf 124 % vergrößert und auf Pappe geklebt. Diese Vorlage benötigen die Kinder um den Stoff richtig zuzuschneiden. Am besten umranden die Kinder die Schablone mit einem schwarzen Filzstift, da man diesen gut auf dem Filz erkennen kann. Zum Nähen gibt man den Kindern am besten Sticknadeln, da diese etwas größer sind und größere Löcher zum Einfädeln haben. Ob man spitze oder stumpfe Nadeln wählt, hängt zum einen von den Vorerfahrungen der Kinder und zum anderen von der Dicke des Filzes ab. Im Allgemeinen ist Bastelfilz dünner und somit leichter zu handhaben als der Filz, den man in Stoffgeschäften bekommt.
Zum Nähen eignet sich dünnes Baumwollgarn. Den Kindern fällt das Nähen leichter, wenn das Garn eine andere Farbe hat als der Filz, damit sie ihre Stiche besser erkennen können. Da die Filzteile später umgestülpt bzw. die Naht an der Halslinie von einer Schleife verdeckt wird, fällt dies nicht mehr auf.
Falls die Kinder nur wenige Erfahrungen mit Nadel und Faden haben, ist es außerdem sinnvoll, Einfädler bereitzulegen.
Es genügt, wenn die Kinder die Filzteile mit einem einfachen Reihstich zusammennähen. Da der Anfang vielen Kindern die meisten Schwierigkeiten macht, sollte man ihnen zeigen, dass sie zuerst einen Knoten in ein Fadenende machen sollen, bevor sie nähen. Auch das Vernähen eines Fadens sollte man ihnen zeigen.

Anmerkungen

Lernangebot 25: Großer und kleiner Bär

Die Kinder sollen die beiden Sternbilder, die nach Bären benannt wurden, kennen lernen. Als Klebesterne oder Klebepunkte eignen sich besonders Leuchtsterne bzw. -punkte, da diese (wenn sie vorher angestrahlt wurden) auch in der Dunkelheit für einige Zeit noch sichtbar sind. So entsteht der Eindruck eines „echten" Sternenhimmels. Die Klebesterne bzw. -punkte erhält man in Bastel- und Papierläden.

Literaturliste

- W. Eigener: Großfarbiges Tierlexikon, Herrsching 1982.
- G. Haselbusch: Wunderwelt der Tiere, Hamburg 2000.
- W. Hensel, U. Kruse-Schulz, G. Peter: Bären, Stuttgart 1996.
- R. Kerrod: Sterne, Sterne – Astronomie für Kinder, Augsburg 1999.
- H.-W. Smolik: Tierlexikon, Band 2 (= Säugetiere), Reinbek bei Hamburg 1986.
- B. Stonehouse: Meyers Buch der Bären, Mannheim.

Lösung zu Bären-Puzzle

Werkstattplan

LERNANGEBOTE	Bearbeitet
Wo leben Bären?	
Über die Bären	
Versteckte Bären	
Wie groß werden Bären?	
Die Höhlenbären	
Domino: Bärenarten	
Kartenspiel: Bären	
Der Braunbär	
Braunbären und Winterschlaf	
Vom Fischfang	
Ein Steckbrief	
Welcher Bär bin ich?	
Ein Eisbärenbaby erzählt	
Ein Gehege für die Eisbären	
Bären-Puzzle	
Die Sprache der Bären	
Vom Fressen	
Auf der Wanderschaft	
Bären-Rennen	
Der Mensch und die Bären	
Die Bären brauchen Hilfe!	
Die „Forscher"-Seite	
Von Kleinbären und „falschen" Bären	
Ein Teddybär aus Filz	
Großer und kleiner Bär	

Wo leben Bären?

Ihr braucht:

- das Blatt: „Wo leben Bären?"
- das Blatt, auf dem die Weltkarte abgebildet ist
- Schere und Klebstoff
- evt. einen Globus oder eine Weltkarte

Aufgaben:

1. Lest die Informationen zu den Bären.
2. Schneidet die Bärenbilder aus.
3. Klebt die Bärenbilder dort auf die Weltkarte, wo die Bären leben.

Über die Bären

Du brauchst:

- das Blatt „Über die Bären"
- einen Stift

Aufgaben:

1. Lies den Text.
2. Setze die fehlenden Wörter im Text ein.

Versteckte Bären

Ihr braucht:
- jeder ein Blatt „Versteckte Bären"
- jeder einen Stift

In diesem Buchstabenfeld sind 10 Bärenarten versteckt (senkrecht und waagerecht).

Aufgabe:
Sucht alle Bärenarten.

Wie groß werden Bären

Ihr braucht:
- jeder ein Blatt „Wie groß werden Bären?"
- eine Schere, Klebstoff, ein großes Stück Tapete, einen Zollstock, Stifte

Aufgaben:
1. Ordnet den Bildern die Bärennamen und Größen zu.
2. Legt euch auf ein Stück Tapete. Markiert mit einem Strich, wie groß ihr seid.
3. Zeichnet ein, wie groß die einzelnen Bären werden können.
4. Vergleicht eure Ergebnisse. Welcher Bär ist ungefähr so groß wie ihr?

BVK LW 23 • Alice Undorf: Lernwerkstatt „Die Bären"

Die Höhlenbären

Ihr braucht:
- den Text „Die Höhlenbären"
- die dazugehörige Karte mit den Aussagen
- rote und grüne Wäscheklammern

Aufgaben:
1. Lest euch den Text gut durch.
2. Bestimmt, wer die Aufgabe des Kontrolleurs übernimmt.
3. Das andere Kind liest nun die Sätze und überlegt, ob die Aussage richtig oder falsch ist.
   (richtig: grüne Wäscheklammer
   falsch: rote Wäscheklammer)

Domino: Bärenarten

Ihr braucht:
- die Dominokarten
- die Spielregeln

Aufgaben:
1. Lest die Spielregeln.
2. Spielt das Spiel.

BVK LW 23 · Alice Undorf: Lernwerkstatt „Die Bären"

Kartenspiel: Bären

Spielregeln:

- Mischt die Karten und verteilt sie an die Spieler.
- Jeder Spieler hält seine Karten so in der Hand (als Fächer), dass der andere Spieler sie nicht sehen kann.
- Die Spieler dürfen nun nacheinander beim Gegenspieler eine Karte ziehen.
- Ziel ist es, vier zusammengehörige Karten zu besitzen (der Bärenname, die Größe, sein Aussehen und seine Nahrung).
- Wenn ein Spieler vier zusammengehörige Karten besitzt, darf er sie „ablegen". Er darf dann noch einmal bei seinem Gegenspieler eine Karte ziehen.
- Wer zum Schluss die meisten zusammengehörenden Karten abgelegt hat, hat gewonnen.

Der Braunbär

Ihr braucht:

- jeder ein Blatt „Der Braunbär"
- jeder einen Stift

Aufgaben:

1. Informiert euch über Braunbären in Sachbüchern oder im Internet (z. B. unter *www.wwf.de*).
2. Überlegt, welche Aussagen auf dem Blatt richtig sind. Kreuzt an und kontrolliert anschließend. Manchmal treffen auch mehrere Aussagen zu.

BVK LW 23 · Alice Undorf: Lernwerkstatt „Die Bären"

Braunbären und Winterschlaf

Du brauchst:
- ein Blatt „Braunbären und Winterschlaf"
- einen Stift
- eventuell Sachbücher zum Nachschlagen

Aufgaben:
1. Lies den Text.
2. Beantworte die Fragen.

Vom Fischfang

Ihr braucht:
- den Text „Vom Fischfang"
- die dazugehörige Karte mit den Aussagen
- rote und grüne Wäscheklammern

Aufgaben:
1. Lest euch den Text gut durch.
2. Bestimmt, wer die Aufgabe des Kontrolleurs übernimmt.
3. Das andere Kind liest nun die Sätze und überlegt, ob die Aussage richtig oder falsch ist.
   (richtig: grüne Wäscheklammer
   falsch: rote Wäscheklammer)

BVK LW 23 • Alice Undorf: Lernwerkstatt „Die Bären"

Ein Steckbrief

Du brauchst:
- ein Blatt „Steckbrief"
- das Informationsblatt zum Kragenbär
- einen Stift

Aufgaben:
1. Lies den Text über den Kragenbär.
2. Schreibe einen Steckbrief zum Kragenbär.

Du kannst auch zu anderen Bären einen Steckbrief schreiben. Informationen bekommst du an verschiedenen Werkbereichen, aus Sachbüchern oder im Internet unter *www.wwf.de*

Welcher Bär bin ich?

Du brauchst:
- ein Blatt „Welcher Bär bin ich?"
- einen Stift

Hier beschreibt sich ein Bär. Welcher Bär ist es wohl? Tierbücher und Lexika können dir weiterhelfen.

Aufgaben:
1. Lies dir den Text genau durch.
2. Finde heraus, um welchen Bären es sich handelt.
3. Welcher Bär ähnelt dem gesuchten Bären?

Ein Eisbärenbaby erzählt

Du brauchst:
- ein Blatt „Ein Eisbärenbaby erzählt"
- einen Stift

Aufgaben:
1. Lies den Text.
2. Stell dir vor, du bist ein Eisbärenbaby. Schreibe aus seiner Sicht auf, was es als kleines Baby erlebt hat.

Ein Gehege für die Eisbären

Ihr braucht:
- jeder ein Blatt „Ein Gehege für die Eisbären"
- einen Stift
- einen flachen Karton
- verschiedene Materialien, z. B. Styropor, Papier, Schere, Klebstoff, Messer ...

Aufgaben:
1. Lest den Text.
2. Findet heraus, was ein Eisbär braucht um sich wohl zu fühlen.
3. Baut ein Gehege für den Eisbär.

BVK LW 23 · Alice Undorf: Lernwerkstatt „Die Bären"

Bären-Puzzle

Du brauchst:
- die Unterlage mit den Fragen
- die Puzzleteile

Aufgaben:
1. Lies die Fragen.
2. Beantworte sie.
   Lege auf jede Frage das Puzzleteil mit dem richtigen Lösungsbuchstaben (Bild nach oben).

Die Sprache der Bären

Du brauchst:
- ein Blatt „Die Sprache der Bären"
- einen Stift

Aufgaben:
1. Lies den Text.
2. Finde heraus, welcher Satz zu welchem Bild passt.
   Trage den richtigen Buchstaben ein.

Vom Fressen

Du brauchst:
- ein Blatt „Vom Fressen"
- einen Stift
- eine Personenwaage

Aufgaben:
1. Lies die Aufgaben und löse sie.
2. Stelle dich auf eine Waage. Wie viel kg wiegst du?

Auf der Wanderschaft

Du brauchst:
- ein Blatt „Auf der Wanderschaft"
- einen Stift

Aufgabe:
Lies dir die Aufgaben durch und löse sie.

BVK LW 23 · Alice Undorf: Lernwerkstatt „Die Bären"

Bären-Rennen

Du brauchst:
- ein Blatt „Bären-Rennen"
- einen Stift

Aufgabe:
Lies dir die Aufgaben auf dem Arbeitsblatt durch und löse sie.

Der Mensch und die Bären

Du brauchst:
- ein Blatt „Der Mensch und die Bären"
- Schere, Klebstoff, evtl. einen Stift

Aufgaben:
1. Lies den Text.
2. Schneide die Aussagen, die unten auf dem Blatt stehen, aus.
3. Ordne die Aussagen richtig in die Tabelle ein. Klebe sie auf.
4. Überlege, ob du noch weitere richtige oder falsche Aussagen über Bären kennst. Schreibe sie in die Tabelle.

Die Bären brauchen Hilfe

Du brauchst:
- ein Blatt „Die Bären brauchen Hilfe!"
- einen Stift

Stell dir vor, du könntest im Fernsehen eine Rede über bedrohte Bärenarten halten. Du willst die Menschen überzeugen, dass sie den Bären helfen müssen.

Aufgaben:
1. Informiere dich darüber, wie man den Bären helfen kann. Hinweise findest du im Internet unter *www.wwf.de*, in Lexika und Tierbüchern.
2. Schreibe deine Rede (und halte sie vor der Klasse).

Die „Forscher"-Seite

Ihr braucht:
- die „Forscher"-Seite
- jeder ein Blatt Papier
- jeder einen Stift

Um die „Forscher"-Aufträge zu lösen, könnt ihr eine Weltkarte, einen Globus, Sachbücher usw. zu Hilfe nehmen.

Aufgaben:
1. Lest euch die Aufgaben durch.
2. Löst die Aufgaben.

Von Kleinbären und „falschen" Bären

Ihr braucht:
- jeder ein Blatt „Von Kleinbären und „falschen" Bären"
- jeder einen Stift

Aufgabe:
Findet heraus, wie die Kleinbären und die „falschen Bären" heißen.
Tragt ihre Namen in das Kreuzworträtsel ein.

Ein Teddybär aus Filz

Du brauchst:
- braunen Filz
- eine Schere
- eine Nadel
- Garn
- die Schablone
- einen Stift
- Watte
- ein Schleifenband
- die Anleitung

Aufgaben:
1. Lies dir die Anleitung gut durch.
2. Nähe einen Teddybär.

BVK LW 23 · Alice Undorf: Lernwerkstatt „Die Bären"

Großer und kleiner Bär

Du brauchst:
- das Blatt „Großer und kleiner Bär"
- Klebepunkte oder Klebesterne
- dunkelblaues Papier
- einen Stift

Aufgaben:
1. Lies dir den Text durch.
2. Übertrage die Sternbilder auf das Papier: Klebe für jeden Stern einen Klebepunkt (oder Klebestern) auf das Papier.
   Verbinde die Punkte (oder Sterne) miteinander.

Wo leben Bären?

Der **Grizzly** lebt in Alaska, im Nordwesten Kanadas und in den Rocky Mountains (Nordamerika).

Der **Kragenbär** lebt in Zentral- und Ostasien.

Der **Euroasiatische Braunbär** lebt in Nord- und Südeuropa, in Russland, in Vorder- und Zentralasien, sowie in China und in Japan.

Der **Malaienbär** lebt in den Regenwäldern Südostasiens und in Teilen Indiens.

Der **Eisbär** lebt in den arktischen Küstenregionen (USA, Kanada, Grönland, Norwegen und Sowjetunion).

Der **große Panda** lebt in Nordwest- und Südchina.

Der **Brillenbär** lebt im Nordwesten Südamerikas (in den Anden, von Venezuela bis Chile).

Der **nordamerikanische Schwarzbär** lebt in Alaska, in Kanada und in Nordamerika.

Der **Kodiakbär** lebt in Südalaska und auf der benachbarten Insel

Der **Lippenbär** lebt in Ostindien und Sri - Lanka.

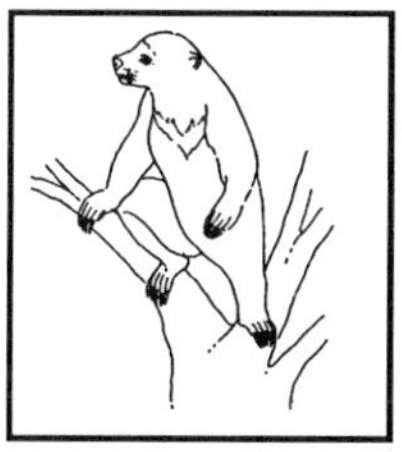

Wo leben Bären?

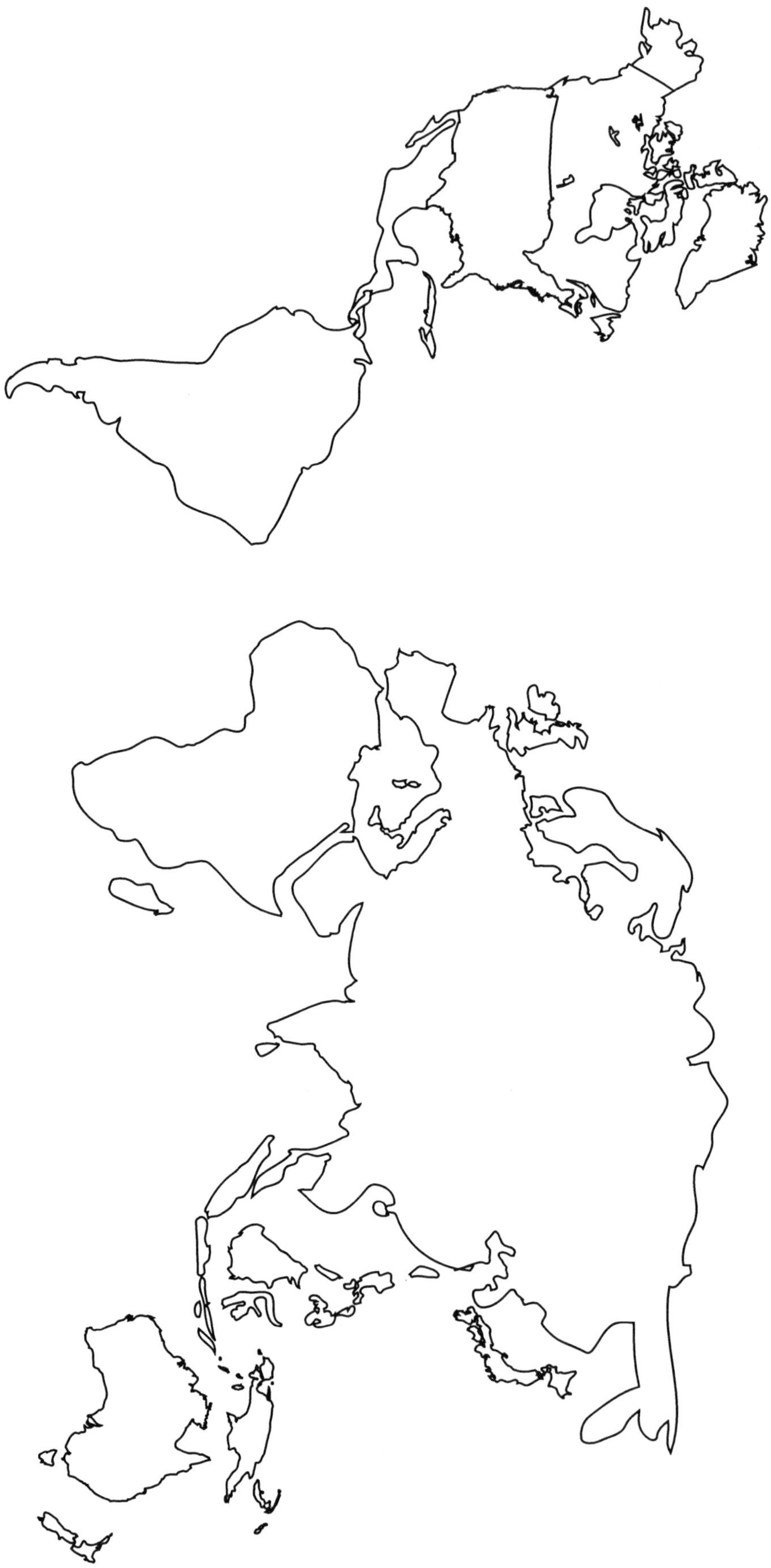

BVK LW 23 • Alice Undorf: Lernwerkstatt „Die Bären"

Über die Bären

Es gibt verschiedene Bärenarten. Sie haben aber viele gemeinsame Merkmale:

Alle Bären haben einen großen, massigen ____________________ und ein dichtes ________________ . Sie haben eine lange Schnauze und kleine, runde ________________ . Ihre ________________ sind kurz aber kräftig. Die Bären können sich aufrichten und auf die Hinterbeine stellen.

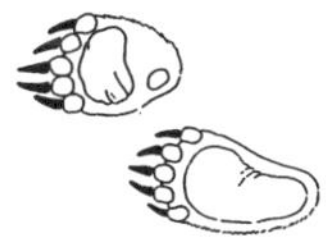

Der Stummelschwanz ist kaum sichtbar.

Die Bären haben große, flache Füße mit langen, gebogenen ________________ . Sie sind ____________________ wie wir Menschen. Das bedeutet: Sie treten mit der ganzen Fußsohle auf.

Alle Bären haben das Gebiss und das Verdauungssystem eines ________________________ . Sie sind aber Allesfresser und ernähren sich hauptsächlich von Pflanzen, Beeren und Früchten. Nur die ____________________ fressen fast ausschließlich Fleisch.

Wie alt ein Bär ist, kann man an seinen Zähnen feststellen: Die ________________________ wachsen jedes Jahr ein Stückchen weiter. Wenn man einen Zahn in dünne Scheiben schneidet, kann man das Alter des Bären an den ________________________ abzählen.

Setze ein:
Ohren – Krallen – Körper – Beine – Fell – Sohlengänger – Eisbären – Zähne – Fleischfressers – Jahresringen

BVK LW 23 · Alice Undorf: Lernwerkstatt „Die Bären"

Versteckte Bären

A	M	P	P	A	N	D	E	I	G	O	S
M	G	R	I	L	L	H	U	H	R	D	C
A	E	I	R	S	C	H	W	A	I	B	H
L	I	P	P	E	N	B	Ä	R	Z	Ä	W
A	M	A	L	I	B	R	A	B	Z	R	A
I	B	R	A	T	K	I	L	Ä	L	I	R
E	I	S	B	Ä	R	L	I	S	Y	Z	Z
N	G	B	R	A	U	L	P	S	B	Z	B
B	R	K	R	A	G	E	N	B	Ä	R	Ä
Ä	I	K	O	D	I	N	E	I	R	Z	R
R	K	B	Ä	R	E	B	I	G	R	O	ß
B	R	A	U	N	B	Ä	R	ß	E	R	E
Ä	G	R	O	ß	E	R	P	A	N	D	A
R	E	K	O	D	I	A	K	B	Ä	R	R

In diesem Buchstabenfeld haben sich 10 Bärenarten versteckt (senkrecht und waagerecht).
Suche sie.

Großer Panda - Eisbär - Grizzlybär - Lippenbär - Malaienbär - Schwarzbär - Brillenbär - Kodiakbär - Kragenbär - Braunbär

Wie groß werden Bären?

Ordne die Namen und Größen den Bildern zu.

Nordamerikanischer Schwarzbär 1,30 m bis 1,80 m	Eisbär 2 m bis 2,50 m	Brillenbär 1,30 m bis 2,10 m
Kragenbär 1,40 m bis 2 m	Großer Panda 1,50 m bis 1,80 m	Grizzly 1,60 bis 2,50

BVK LW 23 · Alice Undorf: Lernwerkstatt „Die Bären"

Die Höhlenbären

Die Höhlenbären

Während der Eiszeit vor ca. 30.000 Jahren lebten die Höhlenbären. Man nennt sie Höhlenbären, weil man viele Zahn- und Knochenreste dieser Bären in Höhlen und Felsspalten gefunden hat.

Wie die Höhlenbären genau aussahen, weiß niemand. Man fand nur ihre Knochen und Schädel. Sie sahen wahrscheinlich so ähnlich aus wie die heutigen Braunbären. Allerdings war ihr Kopf größer und ihre Stirn runder. Auf Grund der Knochenfunde vermutet man, dass sie aufrecht stehend über 3 m groß waren. Das bedeutet, dass die Höhlenbären größer waren als jedes andere Waldsäugetier zu jener Zeit.

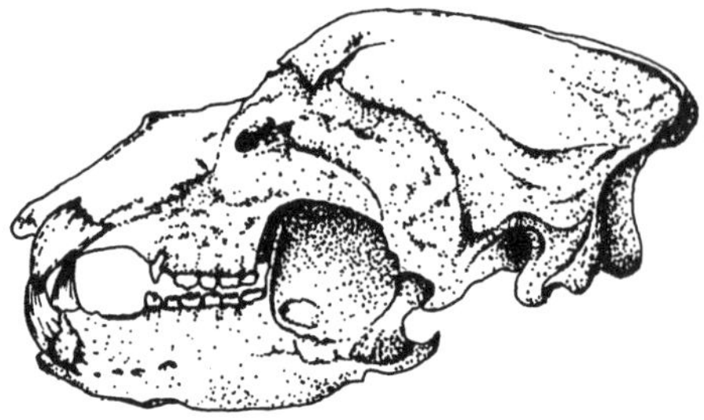

Die Höhlenbären ernährten sich vor allem von Pflanzen. Das konnten die Forscher an den Zähnen feststellen: Die Reißzähne hatten sich zurückgebildet. Die Backenzähne, mit denen die Bären die Pflanzen zermahlten, wurden dagegen immer flacher und breiter. Nur die scharfen Eckzähne blieben zur Verteidigung erhalten.

Die Höhlenbären starben vor ca. 12.000 Jahren aus. Man vermutet, dass sie im Laufe der Zeit von den Braunbären verdrängt wurden, die ihnen Nahrung und Lebensraum streitig machten.

Unsere heutigen Bären stammen nicht direkt von den Höhlenbären ab. Die heute lebenden Bären und die Höhlenbären hatten aber gemeinsame Vorfahren.

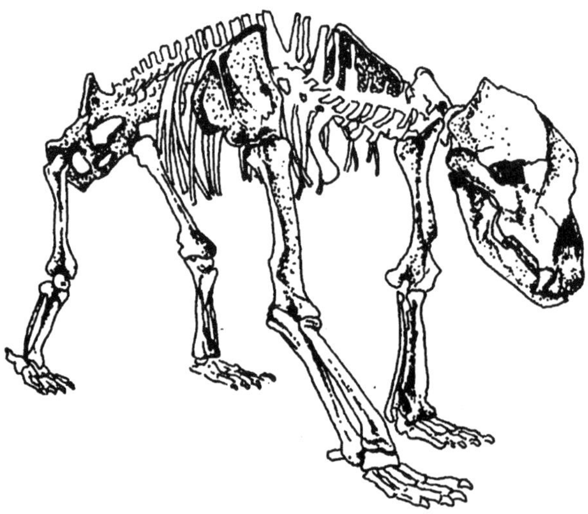

Die Höhlenbären

Die Höhlenbären

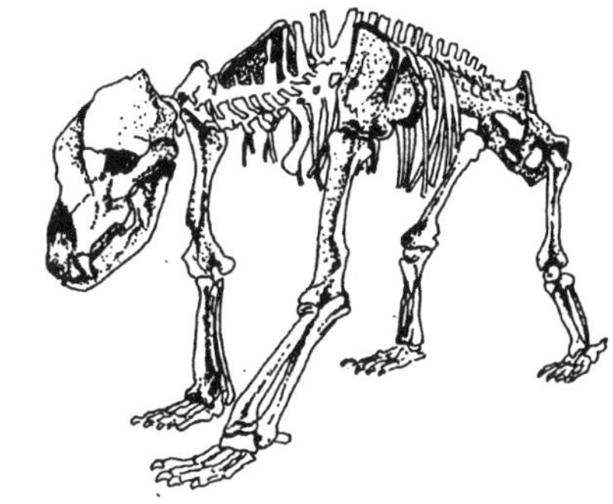

Lies die Sätze.
Wenn die Aussage richtig ist, hefte eine grüne Wäscheklammer an die Aussage.
Wenn die Aussage falsch ist, hefte eine rote Wäscheklammer an die Aussage.
Dein Partner kontrolliert.

Die Höhlenbären lebten vor 1 Million Jahren.

Man kann genau sagen, wie die Höhlenbären ausgesehen haben.

Die Höhlenbären sahen wahrscheinlich so ähnlich aus wie die heutigen Braunbären.

Die Höhlenbären waren wahrscheinlich über 3 m groß, wenn sie aufrecht standen.

Die Höhlenbären ernährten sich hauptsächlich von anderen Tieren.

An den gefundenen Zähnen kann man feststellen, wovon sich die Bären ernährten.

Die scharfen Eckzähne brauchten die Höhlenbären für ihre Verteidigung.

Unsere heutigen Bären und die Höhlenbären hatten gemeinsame Vorfahren.

Domino: Bärenarten

Start	Dieser Bär hat zottiges, langes Fell. Auf der Brust hat er eine helle V-förmige Zeichnung. Er hat dicke, dehnbare Lippen und eine lange Zunge. Einen Großteil seines Nahrungsbedarfs deckt er durch Termiten und Ameisen.
	Dieser Bär hat ein dunkles Fell. Auf der Brust hat er eine weiße Y-förmige Zeichnung. Er hat lange Schulter-, Hals- und Nackenhaare. Die meisten Bären dieser Art haben ein weißes Kinn. Dieser Bär hält keinen Winterschlaf.
	Dieser Bär hat ein schwarz-weißes Fell. Er hat einen großen Kopf. Sein Gesicht ist rund und breit. Seine Schnauze ist kurz. Er frisst besonders gerne Bambussprossen. Er hält keinen Winterschlaf.
	Dieser Bär hat glattes, langhaariges Fell. Es ist glänzend schwarz. Der Bär hat kurze Krallen und einen geraden Rücken. Auf der Brust hat er einen weißen Fleck. Er ist ein Allesfresser: Pflanzen, Wurzeln, Beeren, Fleisch, Aas.

BVK LW 23 • Alice Undorf: Lernwerkstatt „Die Bären"

Domino: Bärenarten

Dieser Bär hat ein dichtes, schwarzes oder dunkelbraunes Fell. Seine Kehle, sein Kinn und seine Schnauze sind hell gefärbt. Außerdem hat er helle Streifen über der Schnauze, der Stirn und den Wangen. Bei einigen Bären dieser Art haben die Streifen um die Augen die Form einer Brille. Er ernährt sich hauptsächlich vegetarisch (= fleischlose Ernährung).

Dieser Bär lebt in der Arktis. Sein Fell ist weiß-gelblich.
Er hat behaarte Fußsohlen und Schwimmhäute zwischen den Zehen.
Er ist von allen Bären der beste Schwimmer.

Dieser Bär hat ein hellbraunes bis grauschwarzes Fell. Das Deckhaar hat meistens graue Spitzen, so dass es grau schimmert.
Er hat riesige, über zehn Zentimeter lange Krallen.

Ende

BVK LW 23 · Alice Undorf: Lernwerkstatt „Die Bären"

Kartenspiel: Bären

Euroasiatischer Braunbär

Brillenbär

Eisbär

Größe:

1,40 m bis
1,80 m

Größe:

1,30 m bis
2,10 m

Größe:

2 m bis
2,50 m

braunes Fell

- schwarzes oder braunes Fell
- Kehle, Kinn und Schwanz sind hell
- helle Streifen über Schnauze, Stirn und Wangen

- weiß-gelbliches Fell
- behaarte Fußsohlen
- große Krallen

Nahrung:

- Pflanzen
- Früchte
- Aas
- Insekten

Nahrung:

- Beeren
- Früchte
- kleine Tiere

Nahrung:

- Robben
- Fische
- kleinere Nagetiere
- Pflanzen

BVK LW 23 · Alice Undorf: Lernwerkstatt „Die Bären"

Kartenspiel: Bären

Lippenbär

Kragenbär

Nord-Amerikanischer Schwarzbär

Größe:

1,40 m bis
1,90 m

Größe:

1,40 m bis
2 m

Größe:

1,30 m bis
1,80 m

- dehnbare Lippen
- zottiges, langes Fell
- Y-förmige Brustzeichnung
- lange Zunge

- dunkles Fell
- weiße y-förmige Brustzeichnung
- lange Schulter-, Hals- und Nackenhaare
- weißes Kinn

- glattes, langhaariges schwarzes Fell
- kurze Krallen
- gerader Rücken
- weißer Fleck auf der Brust

Nahrung:

- Ameisen
- Termiten
- Beeren
- Früchte

Nahrung:

- Pflanzen
- Früchte
- Insekten
- Tiere

Nahrung:

- Beeren
- Früchte
- Kräuter
- kleine Tiere

Der Braunbär

Informiere dich über die Braunbären in Sachbüchern oder im Internet.
Überlege, welche Aussagen richtig sind. Kreuze sie an.
Manchmal treffen auch mehrere Aussagen zu.

1. Der Braunbär gehört zu der Familie der Großbären. ☐
   Der Braunbär gehört zu den Großraubtieren. ☐
   Der Braunbär gehört zu den Kleinbären. ☐

2. Alle Braunbären sind zwischen 1,5 m und 2 m groß. ☐
   Alle Braunbären sind ca. 3 m groß. ☐
   Braunbären, die in kälteren Regionen leben, sind größer und schwerer als diejenigen, die in wärmeren Gebieten leben. ☐

3. Braunbären können sehr flink sein. ☐
   Braunbären können sich nur sehr langsam bewegen. ☐
   Braunbären können gut klettern und schwimmen. ☐

4. Der Braunbär ist meistens ein Einzelgänger. ☐
   Viele Braunbären leben auf engstem Raum zusammen. ☐
   Ganz junge Bären leben ca. 1 bis 2 Jahre mit ihrer Mutter zusammen. ☐

5. Braunbären fangen und fressen Lachse. ☐
   Braunbären fressen Gräser, Kräuter, Früchte und Honig. ☐
   Braunbären fressen auch Tiere und Aas. ☐

6. Braunbären sind Winterschläfer. ☐
   Braunbären sind Winterruher. ☐
   Braunbären sind das ganze Jahr über wach. Sie halten weder Winterschlaf noch Winterruhe. ☐

7. Braunbären gibt es nur noch in Nationalparks und Zoos. ☐
   In vielen Gebieten gibt es immer weniger Braunbären. ☐
   In Europa gibt es nur noch wenige Braunbären. ☐

BVK LW 23 · Alice Undorf: Lernwerkstatt „Die Bären"

Braunbären und Winterschlaf

Früher dachte man, dass Braunbären keinen richtigen „Winterschlaf" halten. Heute sind die Forscher aber anderer Ansicht: Alle Bären, die im Norden leben, sind Winterschläfer.
Die Forscher fanden heraus, dass auch die Braunbären Winterschlaf halten. Die Braunbären suchen oder bauen sich eine Höhle. Sie tragen Pflanzen hinein. Damit bauen sie sich ein bequemes Lager.
Den ganzen Winter verschlafen die Bären. Manche wachen hin und wieder auf. Sie schlafen aber schnell wieder ein.
In dieser Zeit schlägt ihr Herz nur halb so schnell wie im Sommer. Die Bären atmen auch viel langsamer. Ihre Körpertemperatur sinkt auf ca. 31° C. Die Bären geben weder Kot noch Urin ab. Auf diese Weise verbrauchen die Braunbären viel weniger Energie. Sie leben von den Fettvorräten in ihrem Körper.
Die Bären, die in den Tropen leben, halten keinen Winterschlaf. Denn dort ist es warm. Auch Braunbären, die in Zoos leben, halten keinen Winterschlaf. Sie haben ein geschütztes Gehege und werden gefüttert.

1. Welche verschiedenen Bären bezeichnet man oft als „Braunbären"?

____

____

2. Überlege: Welche Bären leben auch in nördlichen Regionen und halten

Winterschlaf? ______________________________________

____

3. Welche Bären leben in warmen Regionen und halten keinen Winterschlaf?

____

____

____

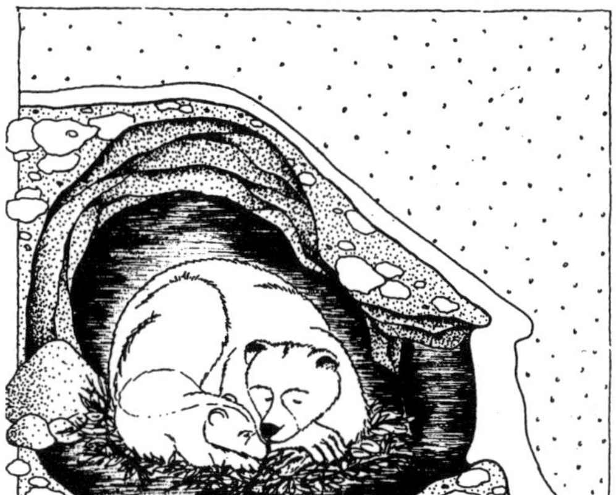

Vom Fischfang

Die Grizzlybären sind Einzelgänger.
Wenn aber die Lachse flussaufwärts zu ihren Laichplätzen (= Lachswanderung) wandern, treffen viele Grizzlys aufeinander. Dann gibt es Kämpfe um die besten Fangplätze.
Die Grizzlys ernähren sich überwiegend von Gräsern, Wurzeln und Beeren. Die Fische sind aber auch eine wichtige Nahrung für die Bären. So können sich die Bären schnell das nötige Fettpolster für ihren langen Winterschlaf anfressen.
Die Lachswanderung dauert nur 3 Wochen. Deshalb fressen die Grizzlys so viele Fische, wie sie fangen können. Ein erwachsener Bär kann pro Tag bis zu 30 kg Lachs fressen.
Der Grizzly sieht schwerfällig aus. Er ist aber ein geschickter Lachsfänger: Er stellt sich ans Ufer oder in eine Strömung und wartet. Dabei beobachtet er die Wasseroberfläche. Schwimmt ein Fisch vorbei, drückt er ihn schnell mit seiner Tatze auf den Flussgrund. Dann fasst er ihn mit dem Maul.
Der Grizzly frisst den Fisch meistens erst an Land. Denn im Wasser könnte ihm die glitschige Beute schnell entkommen.
Bären sind von Natur aus keine Fischer. Die jungen Bären müssen das Fischen erst lernen. Dazu brauchen sie Kraft, Schnelligkeit und Entschlossenheit. Außerdem müssen sie gut beobachten können. Das alles lernen die Bärenkinder von ihrer Mutter.

BVK LW 23 · Alice Undorf: Lernwerkstatt „Die Bären"

Vom Fischfang

Lies die Sätze.
Wenn die Aussage richtig ist, hefte eine grüne Wäscheklammer an die Aussage.
Wenn die Aussage falsch ist, hefte eine rote Wäscheklammer an die Aussage.
Dein Partner kontrolliert.

Die Grizzlys ernähren sich überwiegend von Gräsern, Wurzeln und Beeren.

Die Grizzlys ernähren sich überwiegend von Fischen.

Die Lachse wandern mehrere Monate zu ihren Laichplätzen.

Der Grizzly ist ein geschickter Lachsfänger.

Meistens frisst er die Fische sofort im Wasser.

Ein erwachsener Bär kann pro Tag bis zu 30 kg Lachs fressen.

Die jungen Bären müssen das Fischen erst lernen.

Zum Fischen brauchen die Bären Kraft und Schnelligkeit.

Zum Fischen brauchen die Bären vor allem Mut.

BVK LW 23 · Alice Undorf: Lernwerkstatt „Die Bären"

Ein Steckbrief

Der Kragenbär

Der Kragenbär ist eng mit den amerikanischen Schwarzbären verwandt. Er ist aber gleichförmiger gefärbt und oft kleiner und leichter. Er lebt in den Laub- und Mischwäldern in Zentral- und Ostasien.

Der Kragenbär kann schwarzes, braunes und graues Fell haben. Man erkennt ihn an seinem dunklen Fell mit einem hellen Y auf der Brust. Er hat lange Schulter-, Hals- und Nackenhaare. Seine Schnauze ist meistens braun. Fast alle Kragenbären haben ein weißes Kinn. Ihre Ohren sind groß und rund.

Wenn ein Kragenbär sich aufrichtet, ist er ungefähr 1,40 m bis 2 m groß. Er wiegt zwischen 50 und 200 kg.

Der Kragenbär ist ein Allesfresser. Er ernährt sich aber hauptsächlich von Pflanzen und Früchten. Auch Honig und Insekten frisst er gerne. Kleine Säugetiere, Vögel, Aas oder Fische frisst er seltener.

Er ist ein sehr guter Kletterer und hält sich gerne in Bäumen auf. Er ist ein reiner Baumbewohner. Daher biegt er sich aus Zweigen ein Schlafnest.

Der Lebensraum der Kragenbären wird immer kleiner, da die Menschen viel Platz für ihre Felder und Weiden brauchen.

Zu den Feinden des Bären gehören Tiger, Braunbären und Wölfe.

Ein Steckbrief

Name:

____

Lebensraum: ______________________________

Größe: ______________________________

Gewicht: ______________________________

äußerliche Merkmale: ______________________________

____

____

____

____

Nahrung: ______________________________

____

Feinde: ______________________________

BVK LW 23 · Alice Undorf: Lernwerkstatt „Die Bären"

Welcher Bär bin ich?

Ich lebe in den Regenwäldern Südostasiens. Ich gehöre nicht zu den riesigen Bären. Wenn ich mich aufrichte, bin ich höchstens 1,40 m groß.
Mein Fell ist glatt und glänzend schwarz. Ich habe einen orangegelben U-förmigen Brustfleck. Meine Tatzen sind groß und haben sehr lange Krallen. Ich habe eine bewegliche, helle Schnauze. Meine Zunge ist lang und schmal. Ich kann sehr gut klettern und verbringe sehr viel Zeit auf Bäumen. In Astgabeln oder Zweigen baue ich mir ein Schlafnest. Bis es dunkel wird, döse ich viel. Erst in der Nacht werde ich richtig munter. Dann durchstreife ich die Regenwälder und suche Nahrung. Ich ernähre mich fast nur von Pflanzen und Insekten. Besonders gerne fresse ich Ameisen und Termiten. Nur selten fresse ich ein kleines Säugetier oder einen Vogel.
Ich wiege ungefähr 45 kg und halte keinen Winterschlaf.
Obwohl ich relativ klein bin, bin ich ein gefürchteter Gegner. Denn mein Fell sitzt sehr locker an meinem Körper. Deshalb bin ich nicht leicht zu packen. Wenn mich z. B. ein Tiger packt, erwischt er nur meine Haut. Ich drehe mich dann blitzschnell um und wehre mich mit meinen Zähnen und den sichelförmigen Krallen.

Hier noch ein Tipp: Man nennt mich auch Sonnenbär.

Ich bin ein ______________________________

Mein Körper ähnelt dem eines anderen Bären. Dieser ist größer als ich und hat ein langes, zottiges Fell. Er frisst genau wie ich gerne Ameisen und Termiten.

Er heißt: ________________________________

BVK LW 23 · Alice Undorf: Lernwerkstatt „Die Bären"

Ein Eisbärenbaby erzählt

Im Sommer und im Herbst frisst sich die trächtige Eisbärin ein Fettpolster an. Im Oktober gräbt sie sich eine Höhle, in der sie ungestört den Winter verbringen kann. Die Bärin friert nicht, wenn sie schläft. Denn ihr Körper erwärmt die Lufttemperatur.
Die Eisbärin braucht in dieser Zeit kein Futter. Sie zehrt von dem Fett, das sie sich zuvor angefressen hat.
Im Dezember kommen die Jungen zur Welt. Meistens sind es zwei.
Die kleinen Eisbären sind zunächst taub und blind und nur ca. 30 cm groß. Sie wiegen 600 bis 800 g und sind mit feinem Haarflaum bedeckt.
Die Eisbärin leckt sie sauber und wärmt sie. Die Jungen können an den Zitzen der Mutter saugen.
Die Mutter schläft wieder ein. Auch die kleinen Bären schlafen viel. Sie wachen nur auf um zu trinken.
Zwischen März und April verlassen die Bärin und die Jungen die Höhle. Nach und nach zeigt die Mutter den kleinen Bären, wie man jagt und für sich selbst sorgt.
Die Bären bleiben ungefähr zwei Jahre bei ihrer Mutter. Dann sind sie selbstständig.

1. Lies den Text.
2. Stell dir vor, du bist eines der Eisbärenbabys. Schreibe aus seiner Sicht auf, was es als kleines Baby erlebt.

„Ich kam in einer Eishöhle zur Welt. Zuerst war ich taub und

____

____

____

____

____

____

____

Ein Gehege für die Eisbären

In unseren Zoos gibt es auch Eisbären. Man versucht, sie artgerecht zu halten. Das bedeutet, dass man versucht, die Gehege ihrem natürlichen Lebensraum anzupassen.

1. Lies den Text.

2. Finde heraus, was ein Eisbär wohl braucht, um sich wohl zu fühlen.
   Mache dir Notizen.

Nur in der Arktis gibt es Eisbären.
Die Bären leben vor allem auf dem Eis und an den Küsten. Sie mögen Gebiete, in denen das Eis in Bewegung ist. Denn am offenen Wasser können sie leichter Robben fangen.
Im Sommer ernähren sich Eisbären auch von Fischen, kleineren Nagetieren oder von Pflanzen. Oft ruhen sie zu dieser Zeit auch in kühlen Höhlen.

Um sich wohl zu fühlen, braucht der Eisbär:

____

____

____

____

3. Baue nun ein Gehege für den Eisbär - so dass er sich wohl fühlt.

Bären-Puzzle

BVK LW 21 · Alice Undorf: Lernwerkstatt „Die Bären"

Bären-Puzzle

N	O	Z
B	T	G
E	A	K
D	S	P

Die Sprache der Bären

Bei vielen Tieren, z. B. Hunden und Katzen, können wir verstehen, was sie meinen. Sie zeigen es uns durch Zähne fletschen, fauchen, bellen, Haare sträuben, Schwanz wedeln usw. Ob sich ein Bär freut oder ob er wütend ist, ist nicht so leicht zu erkennen. Denn Bären haben nur wenige Gesichtsmuskeln. Deshalb sieht ihr Gesicht fast immer gleich aus.

Wenn aber zwei Bären aufeinandertreffen, können wir an ihrem Verhalten erahnen, was los ist: z. B. ein Kampf um das Revier oder um eine Rangordnung. Die männlichen Bären schlagen mit den Tatzen auf den Boden oder an einen Baumstamm. Sie richten sich auf. Dabei schnauben und brüllen sie. Der schwächere Bär senkt den Kopf. Der stärkere Bär richtet seinen Kopf auf und reißt das Maul auf.

Schau dir die Bilder an.

Finde heraus, welcher Satz zu welchem Bild passt. Trage den richtigen Buchstaben ein.

A

B

C

D

1. Die Bären kämpfen um den besten Platz zum Lachse fangen. ◯
2. Bärenkinder lernen in Kampfspielen sich zu wehren. ◯
3. Die Bären kämpfen miteinander. ◯
4. Eine Mutter spielt mit ihren Jungen. ◯

BVK LW 23 · Alice Undorf: Lernwerkstatt „Die Bären"

Vom Fressen

Bären haben lange, spitze Fangzähne. Mit diesen können sie ihre Beute fangen und töten.
Die Reißzähne sind kleiner als bei anderen Raubtieren. Daran erkennt man, dass Bären sich hauptsächlich von Pflanzen und Früchten ernähren.
Die Backenzähne sind breit und hart. Damit können die Bären auch harte Pflanzen zermahlen.

Ein Braunbär kann täglich 41 kg Futter fressen. Jeden Tag nimmt er dabei 3 kg zu.
Stell dir vor: Er frisst an drei Tagen jeweils 41 kg Futter. Wie viel kg Futter ist das insgesamt? Wie viel kg nimmt er in den drei Tagen zu?

Rechnung: ______________________________

Antwort: ______________________________

Wie viel kg wiegt er, wenn er vorher 700 kg gewogen hat?

Rechnung: ______________________________

Antwort: ______________________________

Der Große Panda frisst täglich 16 Stunden lang. Dabei kann er 15 kg Blätter oder 40 kg Bambussprossen vertilgen.
Stell dir vor: Er frisst an sieben Tagen jeweils 15 kg Blätter. Wie viele kg Blätter würde er in diesen sieben Tagen insgesamt vertilgen?

Rechnung: ______________________________

Antwort: ______________________________

Angenommen, der Große Panda würde 150 kg wiegen, den wievielten Teil seines Gewichtes würde er an Blättern an einem Tag fressen?

Rechnung: ______________________________

Antwort: ______________________________

Stell dich doch einmal auf eine Waage und schau nach, wie viele kg du wiegst. Dann kannst du dir die Futtermengen besser vorstellen.

Auf der Wanderschaft

Forscher haben herausgefunden, dass alle Braunbären und Schwarzbären wandern.
Auf der Suche nach Nahrung streifen sie weit umher. Dabei legen sie große Strecken zurück. Allerdings kehren die Bären zu ihren Schlafhöhlen zurück, wenn der Winter naht.
Einige Forscher beobachteten einen Schwarzbären, der im Laufe eines Jahres 229 km wanderte. Ein Grizzly legte sogar 258 km in einem Jahr zurück.
Wie viele km ist der Grizzly mehr gewandert als der Schwarzbär?
Rechne es aus!

____

Der Grizzly ist ________ km mehr gewandert.

Besonders weit wandern die Eisbären. Sie suchen ständig nach Nahrung.
Die Eisbären können 40 bis 80 km an einem Tag zurücklegen.
Angenommen ein Eisbär würde einen Monat lang (= 30 Tage) jeden Tag gleich viele km laufen. Wie viele km würde er zurücklegen, wenn er täglich 40 km bzw. 80 km liefe? Rechne es aus.

____

____

Wenn er 40 km pro Tag liefe, würde er in einem

Monat ____________ km zurücklegen.

Wenn er 80 km pro Tag liefe, würde er

____________ km zurücklegen.

BVK LW 23 · Alice Undorf: Lernwerkstatt „Die Bären"

Bären-Rennen

Ein Bär läuft meistens mit gemächlichen Schritten auf allen Vieren. Er läuft dann ungefähr so schnell wie ein Fußgänger.
Bei Gefahr und auf der Jagd kann er aber auch richtig schnell rennen:
Ein Eisbär kann mit 40 km/h hinter einer Beute her rennen.
Ein Schwarzbär kann eine Geschwindigkeit von 50 km/h erreichen.
Der Braunbär kann sogar 56 km/h rennen. (h = Angabe für Stunde)

1. Stell dir vor: Ein Eisbär und ein Schwarzbär würden eine gleich lange Strecke rennen. Die Rennstrecke wäre 200 km lang. Wie lange braucht jeder Bär, um ans Ziel zu kommen?

Rechnung: ____

Antwort: ____

2. Stell dir nun vor: Ein Eisbär und ein Braunbär würden eine gleich lange Strecke rennen. Die Rennstrecke wäre 280 km lang.
Wie lange braucht jeder Bär, um ans Ziel zu kommen?

Rechnung: ____

Antwort: ____

3. Ein Läufer rennt 10 km/h.
Stell dir vor: Ein Schwarzbär und der Läufer würden einen Wettlauf durch den Wald machen. Die Laufstrecke ist 25 km lang.
Wer ist schneller? Wie lange braucht der Sieger?

Rechnung: ____

Antwort: ____

Überlege dir, wie viel m ein Eisbär, ein Schwarzbär und ein Braunbär pro Minute laufen (1 h = 60 min, 1 km = 1000 m). Vergleiche: Wie viele Meter läufst du in 1 Minute?

Der Mensch und die Bären

Bären sind kräftige Tiere. Sie könnten mit ihrer Kraft einen Menschen anfallen und töten. Viele Menschen denken deshalb, dass Bären eine Bedrohung für sie sind.
In vielen Büchern und Filmen werden Bären als Ungeheuer und Bestien beschrieben. Dies ist aber ein Vorurteil. Von Natur aus ist der Bär keine Bestie. Wenn man sich den Bären gegenüber richtig verhält, sind sie keine Bedrohung.
Man darf die Bären nicht in die Enge treiben. Denn dann fühlen sie sich bedroht.

stimmt	stimmt nicht

Bärenmütter greifen einen Menschen an, wenn sie sich und ihre Kinder bedroht fühlen.	Da Bären scheu sind, gehen sie den Menschen normalerweise aus dem Weg.
Ein Bär kann aggressiv werden, wenn er sich beim Fressen gestört fühlt.	Wenn man einen jungen Bären trifft, kann man sich ihm gefahrlos nähern.
Bären greifen Menschen immer grundlos an.	Die Bären sehen niedlich aus. Man sieht sofort, dass sie nie angreifen würden.

BVK LW 23 • Alice Undorf: Lernwerkstatt „Die Bären"

Die Bären brauchen Hilfe!

Die Bären sind fast überall auf der Welt vom Aussterben bedroht: Wälder werden zerstört, weil der Mensch das Holz der Bäume für viele Dinge verwendet. Wälder werden abgeholzt, um mehr Platz für Ackerland und Städte zu bekommen. Außerdem werden Wälder durch Straßen, Zäune oder Eisenbahnschienen immer weiter unterteilt. Dadurch wird der Lebensraum der Bären immer kleiner. Für die Bären wird es deshalb schwieriger genügend Nahrung zu finden.
Einige Bären werden auch von Wilderern getötet.

1. Informiere dich darüber, was man tun kann, um den Bären zu helfen.
2. Stell dir vor, du hättest die Gelegenheit im Fernsehen eine Rede zu halten über bedrohte Bärenarten und wie man ihnen helfen kann.

Schreibe deine Rede auf:

BVK LW 23 · Alice Undorf: Lernwerkstatt „Die Bären"

Die „Forscher"-Seite

Es gibt Geschichten über den „Yeti" oder über „Bigfoot" („Riesenfuß"): Menschen fanden große Fußspuren im Schnee. Sie hielten sie für Fußabdrücke von Riesen.
Einige dieser Geschichten erzählen auch von 3 m großen Wesen, die irgendwo auftauchten und schnell wieder verschwanden.
Was spricht dafür, dass es sich bei diesen Wesen um Bären handelt?

Der Eisbär würde bestimmt liebend gerne Pinguine fressen – wenn er könnte!
Finde heraus, warum der Eisbär keine Pinguine fressen kann!
(Tipp: Schau dir auf der Karte oder auf dem Globus an, wo Eisbären bzw. Pinguine leben.
Überlege, was der Eisbär braucht, um sich wohlzufühlen.)

Der Kragenbär ist das Vorbild für einen berühmten Bär in einem Zeichentrickfilm. In diesem Film kümmert sich der Bär um einen kleinen Jungen, der im Dschungel lebt.
Wie heißt der Film?
Wie heißt der Bär im Film?

Braunbären fressen auch Aas.
Überlege: Welche Sinnesorgane brauchen Bären, um Aas aufzuspüren?

BVK LW 23 • Alice Undorf: Lernwerkstatt „Die Bären"

Von Kleinbären und „falschen“ Bären

Zu den Großbären gehören sieben Arten und der Große Panda. Es gibt aber auch Kleinbären. Diese gehören zwar nicht zur Gruppe der „echten Bären“, sie sind aber mit ihnen verwandt.
In diesem Rätsel verstecken sich Kleinbären und einige „falsche“ Bären

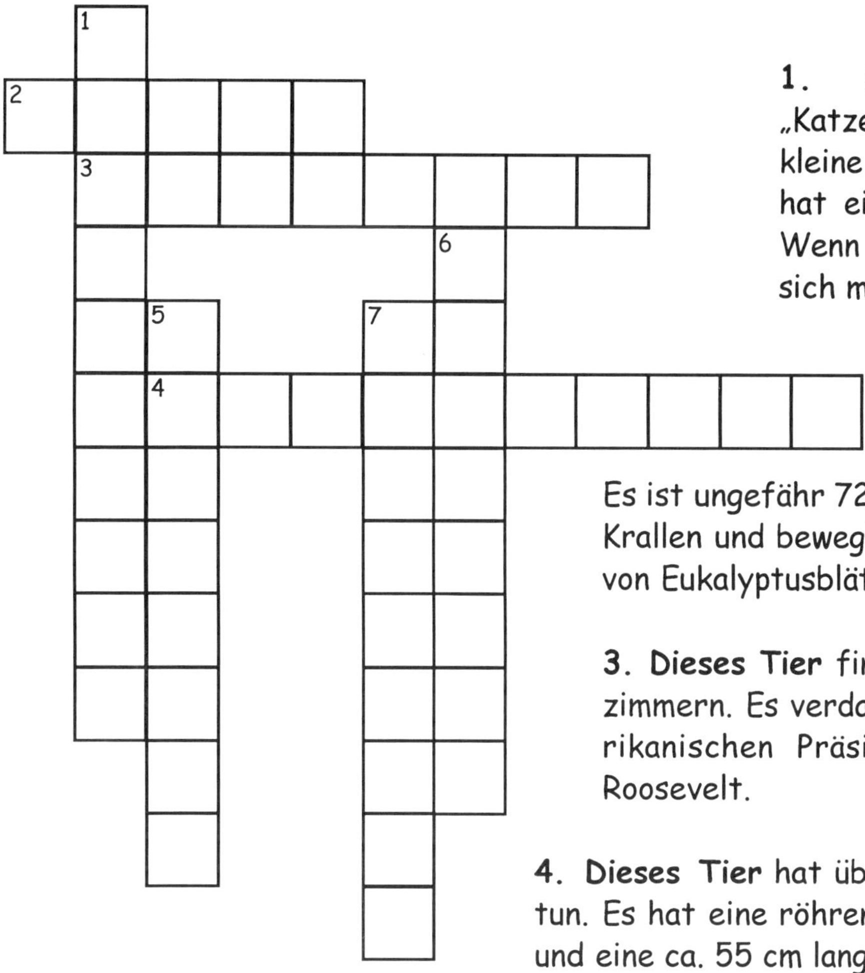

1. **Dieses Tier** wird auch „Katzenbär“ genannt. Es ist der kleine Vetter des Großen Panda. Es hat einen buschigen Schwanz. Wenn es schlafen will, deckt es sich mit dem Schwanz zu.

2. **Dieses Tier** ist kein Bär, sondern ein Beuteltier. Es lebt in Australien. Es ist ungefähr 72 bis 78 cm groß. Es hat lange Krallen und bewegliche Finger. Es ernährt sich von Eukalyptusblättern.

3. **Dieses Tier** findet man vor allem in Kinderzimmern. Es verdankt seinen Namen dem amerikanischen Präsidenten Theodore (Teddy) Roosevelt.

4. **Dieses Tier** hat überhaupt nichts mit Bären zu tun. Es hat eine röhrenförmige, zahnlose Schnauze und eine ca. 55 cm lange Zunge. Es ernährt sich nur von Ameisen und Termiten.

5. **Dieser Kleinbär** lebt in Süd- und Mittelamerika. Er ist ca. 65 cm lang und hat einen genauso langen geringelten Schwanz. Seine Nase ist rüsselartig. Mit ihr sucht er am Boden nach Insekten, Fröschen und Kleintieren.

6. **Dieser Kleinbär** ist ca. 60 cm groß und lebt vor allem in Nordamerika. Er lebt aber auch bei uns in Europa. An Flüssen und Bächen fühlt er sich wohl. Seinen Namen hat er von seinem Verhalten: Immer, bevor er seine Beute frisst, reibt er sie mit seinen Pfoten ab.

7. **Dieser Kleinbär** ist ungefähr 60 cm lang. Seinen Namen verdankt er seinem kräftigen Greifschwanz, den er beim Klettern um Äste wickelt. Er lebt überwiegend in Baumkronen.

Ein Teddybär aus Filz

1. Lege die Schablone auf den Filz.
   Male jede Schablone 2 x auf den Filz.
   Schneide die Körperteile aus.

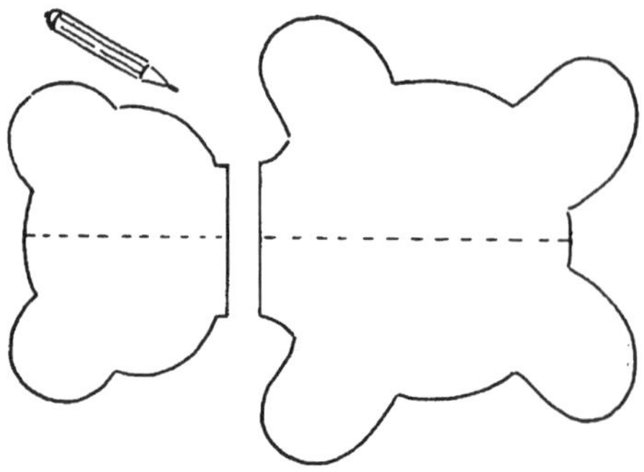

2. Lege jeweils die beiden Kopfteile und die beiden Bauchteile aufeinander.
   Nähe nun die Kopfteile zusammen.
   Dann nähe die Körperteile zusammen.
   Achtung: Der Hals bleibt jedesmal offen!
   Die Nähstiche dürfen nicht zu groß sein.

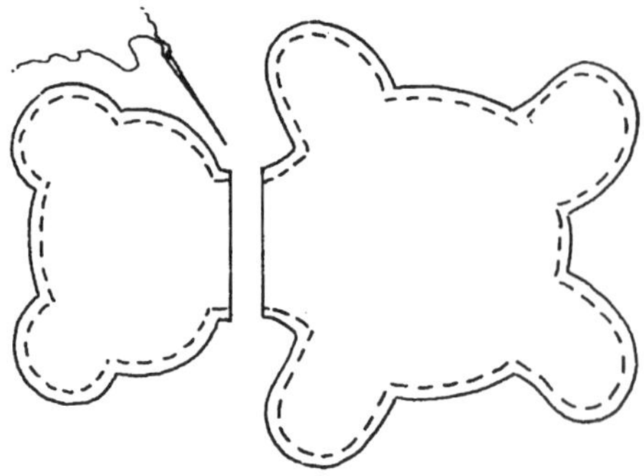

3. Stülpe die Teile um.
   Fülle sie mit Watte.

(Für erfahrene „Näher": Nähe ein paar Stiche dort, wo Ohren, Arme und Beine anfangen, durch den Teddybär. Dann kann man diese Körperteile besser vom Kopf und vom Bauch unterscheiden.)

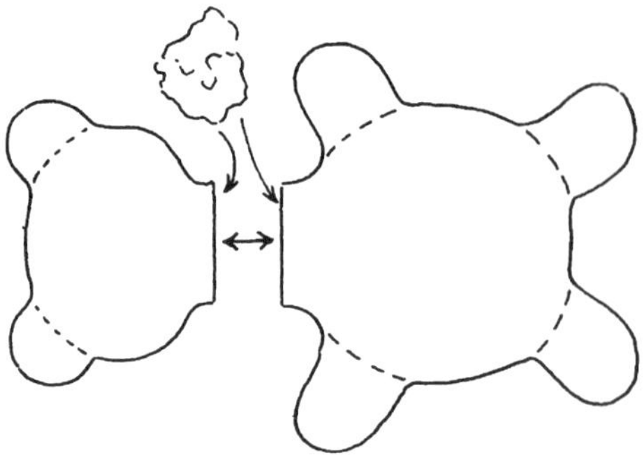

4. Schiebe das Kopfteil und das Bauchteil ineinander.
   Nähe beide Teile zusammen.

5. Binde eine Schleife um den Hals, damit man die Naht nicht sieht.

   Nun fehlen noch Augen, Nase und Mund. Du kannst sie aus Filz ausschneiden und aufkleben oder einfach mit einem schwarzen Stift aufmalen.

BVK LW 23 · Alice Undorf: Lernwerkstatt „Die Bären"

Schablone zu „Ein Teddybär aus Filz"

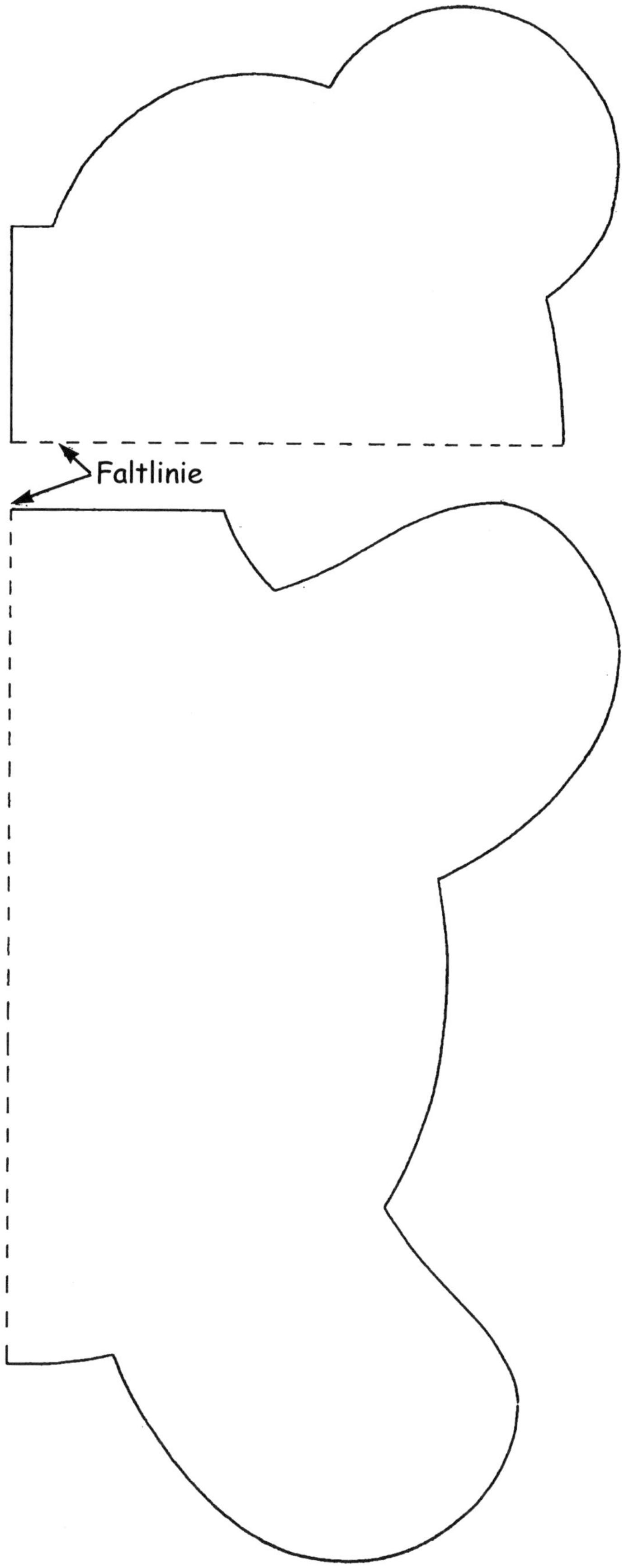

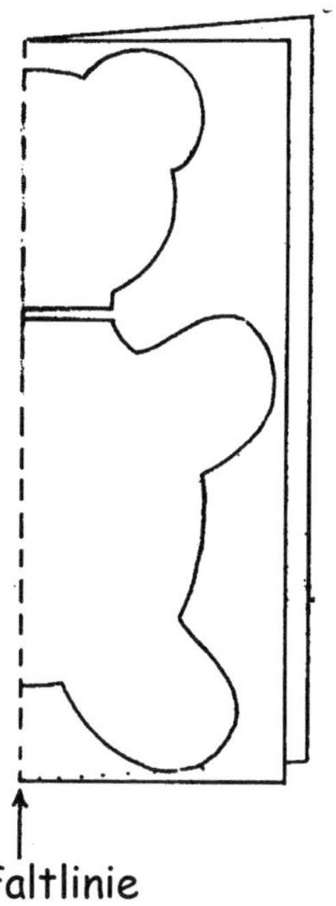

BVK LW 23 · Alice Undorf: Lernwerkstatt „Die Bären"

Großer und kleiner Bär

Der „Große Bär" und der „Kleine Bär" sind keine neue Bärenart. Es sind zwei Sternbilder, die am nördlichen Sternenhimmel zu sehen sind.

Vor mehr als 2.000 Jahren gaben die Menschen den Sternbildern die Namen „Großer Bär" und „Kleiner Bär", weil die Sternbilder sie an Bären erinnerten.

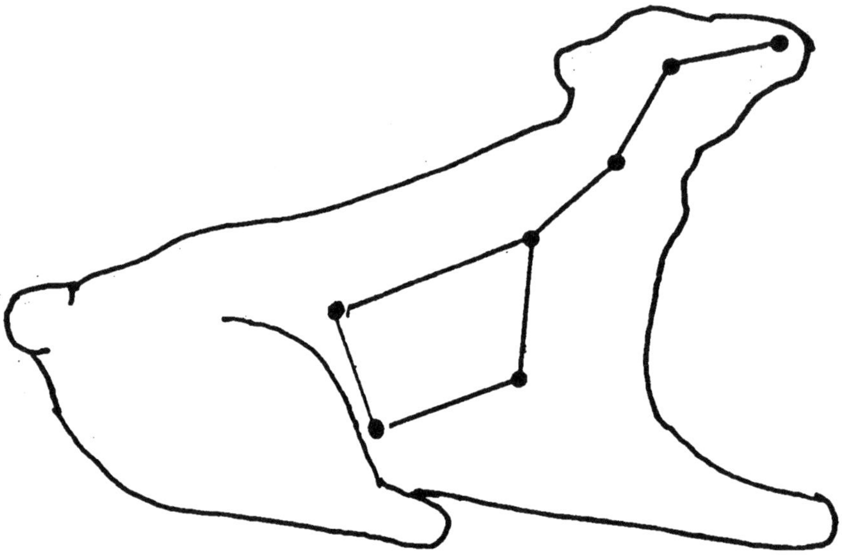

Großer Bär

Kleiner Bär

Wenn es dunkel ist, kannst du den „Großen Bären" und den „Kleinen Bären" vielleicht am Himmel sehen. Deine Sternenkarte hilft dir, die Sternenbilder zu finden.

BVK LW 23 · Alice Undorf: Lernwerkstatt „Die Bären"

Lösungen

Über die Bären
Es gibt verschiedene Bärenarten. Sie haben aber viele gemeinsame Merkmale:
Alle Bären haben einen großen, massigen **Körper** und ein dichtes **Fell**. Sie haben eine lange Schnauze und kleine, runde **Ohren** . Ihre **Beine** sind kurz aber kräftig. Die Bären können sich aufrichten und auf die Hinterbeine stellen. Der Stummelschwanz ist kaum sichtbar.
Die Bären haben große, flache Füße mit langen, gebogenen **Krallen**. Sie sind **Sohlengänger** wie wir Menschen. Das bedeutet: Sie treten mit der ganzen Fußsohle auf.
Alle Bären haben das Gebiss und das Verdauungssystem eines **Fleischfressers**. Sie sind aber Allesfresser und ernähren sich hauptsächlich von Pflanzen, Beeren und Früchten. Nur die **Eisbären** fressen fast ausschließlich Fleisch.
Wie alt ein Bär ist, kann man an seinen Zähnen feststellen: Die **Zähne** wachsen jedes Jahr ein Stückchen weiter. Wenn man einen Zahn in dünne Scheiben schneidet, kann man das Alter des Bären an den **Jahresringen** abzählen.

Versteckte Bären

									G		S
M									R		C
A									I		H
L	I	P	P	E	N	B	Ä	R	Z		W
A						R			Z		A
I						I			L		R
E	I	S	B	Ä	R	L			Y		Z
N						L			B		B
B		K	R	A	G	E	N	B	Ä	R	Ä
Ä						N			R		R
R						B					
B	R	A	U	N	B	Ä	R				
	G	R	O	ß	E	R	P	A	N	D	A
		K	O	D	I	A	K	B	Ä	R	

„Die Sprache der Bären"

1B 2A 3D 4C

„Welcher Bär bin ich?"

Ich bin ein **Malaienbär**.
Der andere gesuchte Bär heißt: **Lippenbär.**

„Braunbären und Winterschlaf"

1. Euroasiatischer Braunbär, Grizzlybär, Kodiakbär
2. Eisbär, Schwarzbären
3. Brillenbär, Großer Panda, Malaienbär, Lippenbär

„Von Kleinbären und 'falschen' Bären"

	R										
K	O	A	L	A							
	T	E	D	D	Y	B	Ä	R			
	E					W					
	R	N			W	A					
	P	A	M	E	I	S	E	N	B	Ä	R
	A	S			C	C					
	N	E			K	H					
	D	N			E	B					
	A	B			L	Ä					
		Ä			B	R					
		R			Ä						
					R						

Bären-Puzzle:
Die Abbildung finden Sie (aus Platzgründen) auf der Seite 9. Bei Bedarf bitte vergrößern.

Lösungen

Wie groß werden Bären?

Kragenbär
1,40 m bis 2 m

Eisbär
2 m bis 2,50 m

Brillenbär
1,30 m bis 2,10 m

Nordamerikanischer Schwarzbär
1,30 m bis 1,80 m

Grizzly
1,60 bis 2,50

Großer Panda
1,50 m bis 1,80 m

„Forscher"-Seite

Bären brauchen vor allem eine gute Nase, um Aas aufzuspüren.

Es könnte sein, dass es sich bei den Spuren des „Yeti" um Bärenspuren handelt, weil hochaufgerichtete Bären wie Menschen wirken können. Außerdem sind Bären genau wie wir Menschen Sohlengänger. Deshalb ähneln sich die Fußabdrücke.

Der Kragenbär diente als Vorbild für Walt Disneys „Dschungelbuch". Der Bär im Film heißt „Balu".

Der Eisbär kann keine Pinguine fressen. Denn er lebt am Nordpol. Die Pinguine leben am Südpol. Um zu ihnen zu gelangen müsste der Eisbär vom Nordpol zum Südpol schwimmen. Dabei müsste er durch wärmeres Wasser schwimmen, als er es gewohnt ist.

BVK LW 23 · Alice Undorf: Lernwerkstatt „Die Bären"